nickelodeon

BIENVENUE CHEZ LES LOUD

JE DESSINE LES LOUD

hachette JEUNESSE

SOMMAIRE

32 LANA
36 LOLA
LISA 40
44 LILY
48 CLYDE
BOBBY 52
56 RONNIE ANNE
60 LES ANIMAUX

LINCOLN

Âge : *11 ans*
Caractère : *Seul garçon de la famille ! Dit comme ça, ça fait froid dans le dos. Mais, en réalité, ce n'est pas si terrible...*

ASTUCE

Dessine toujours au crayon gris. Tu pourras ainsi gommer facilement. Et quand ton dessin est terminé, repasse les contours au feutre noir pour un résultat très *cartoon*.

1

Pour dessiner le visage de Lincoln, rien de plus simple : trace un cercle et ajoute les oreilles de chaque côté.

2

Esquisse ensuite les cheveux. D'abord la mèche centrale, puis les deux sur les côtés. N'oublie pas de dessiner l'épi.

3

Ajoute les yeux en traçant deux cercles qui se touchent. Termine en dessinant les pupilles et le nez légèrement retroussé.

4

Dessine la bouche de Lincoln. Délimite la langue et les dents avant de noircir le reste.

5

Ajoute la touche finale au visage avec les taches de rousseur, les sourcils et les deux petites mèches.

6

Dessine le polo de Lincoln en traçant un grand rectangle pour le buste et deux petits pour les manches. Ajoute deux triangles pour le col et termine par le bouton.

7

Trace maintenant les bras de ton personnage. Gomme la partie du polo qui vient sous la main droite.

8

Dessine le pantalon de Lincoln avec des traits bien droits.

9

Ajoute deux formes ovales pour les baskets.

10

Termine en décorant la paire de chaussure avec des traits et en esquissant une petite ombre.

LE SUPER BONUS

La bagarre Loudiale

1

La bagarre, c'est le mode d'expression par excellence de la famille Loud. Dessine un gros nuage.

2

Fais dépasser une jambe par-ci et un bras par-là. Ajoute quelques étoiles, des petits nuages supplémentaires et le tour est joué !

LORI

Âge : *17 ans*
Caractère : *Attention, ado scotchée à son portable ! Seul Bobby, son ours grincheux, trouve grâce à ses yeux.*

ASTUCE

Tu peux changer l'expression de ton personnage en modifiant la forme de ses paupières et de sa bouche.

1

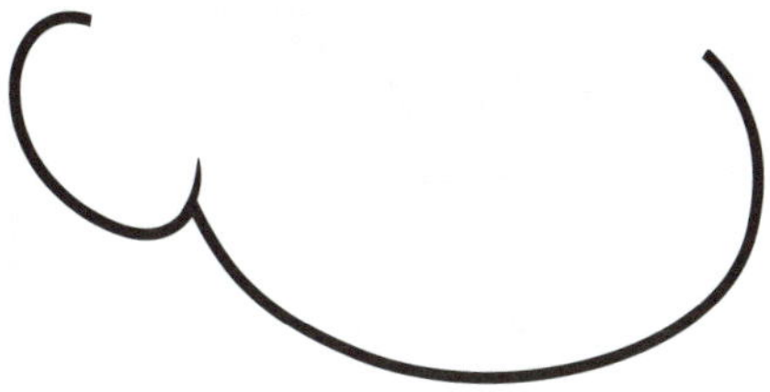

Commence par dessiner le contour du visage de Lori. Trace un arc de cercle pour le menton et les joues. Ajoute une oreille.

2

Trace les détails de l'intérieur de l'oreille et termine en dessinant toutes les petites mèches de la frange.

3

Pour les yeux, dessine deux ronds. Ajoute un trait au milieu pour les paupières et un point pour les pupilles. Ajoute un nez légèrement retroussé et le petit sourire en coin qui rend Clyde complètement marteau.

4

Dessine la boucle d'oreille de Lori. Ajoute les sourcils dans la frange. Termine avec quelques traits pour les cils : Lori ne sort pas sans mascara !

5

Dessine le cou de ton personnage. Trace ensuite deux traits droits pour le premier bras. Ajoutes-en un troisième pour former la silhouette et termine avec un arrondi pour le col.

6

Trace le second bras avec deux arcs de cercle. Ajoute les doigts et relie le bas du T-shirt de Lori.

7

Commence à dessiner les cheveux tout autour du visage en esquissant deux angles au-dessus de sa tête.

8

Termine la coiffure en dessinant de petits arcs pour les mèches rebelles.

9

Pour dessiner le short de Lori, prolonge le trait du T-shirt et ajoute deux rectangles côte à côte. Ajoute un trait au milieu.

10

Termine ton dessin de Lori en ajoutant les jambes et les petites ballerines. Pour donner du relief à l'ensemble, crée deux ombres en coloriant en noir le haut des jambes.

LE SUPER BONUS

Le téléphone portable de Lori

1

Pour dessiner le téléphone de Lori, rien de plus simple. Trace un rectangle et donne-lui du volume en ajoutant des arêtes.

2

Ajoute le clavier central et l'écran. Il ne te reste plus qu'à ombrer le contour pour donner du relief à l'appareil et attendre sagement que Bobby envoie un petit texto !

LENI

Âge : *16 ans*
Caractère : *Elle ne comprend « genre » pas vraiment tout... Mais elle est tellement adorable qu'on lui pardonne.*

ASTUCE

Tu peux facilement ajouter un foulard autour du cou de Leni pour lui donner un look encore plus travaillé !

1

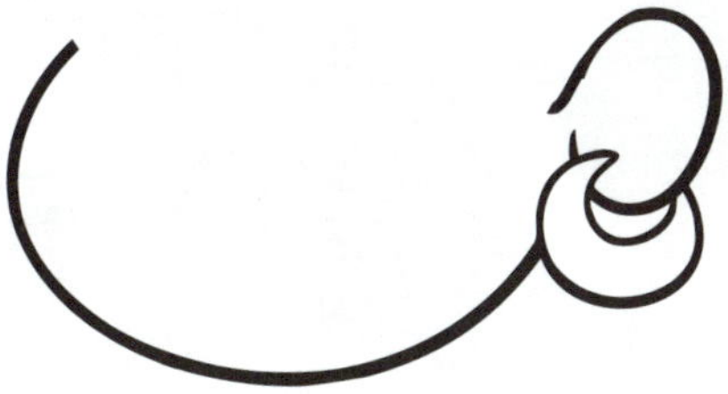

Commence par dessiner
le contour du visage de Leni.
Trace un arc de cercle pour le menton
et les joues. Ajoute une oreille.
Termine en dessinant la boucle d'oreille.

2

Trace l'intérieur de l'oreille.
Ajoute ensuite l'immense sourire de Leni.
Dessine des traits bien droits pour former
des dents parfaitement blanches.

3

Dessine un nez pointu et les yeux.
Pour cela, trace deux cercles et deux pupilles
noires un peu rapprochées l'une de l'autre.
Ajoute les cils : Leni adore le maquillage !

4

Continue en dessinant les lunettes de soleil.
Colorie les verres en noir en laissant
un trait blanc pour simuler le reflet.

5

Commence à esquisser les cheveux.
Dessine une frange qui vient
toucher le haut des yeux.
N'oublie pas les sourcils !

6

Termine la coiffure de Leni en traçant un trait droit et des petites mèches.

7

Dessine la silhouette de Leni. Trace le cou et deux petits triangles pour les épaules. Ajoute un rectangle pour le buste.

8

Ajoute la dentelle sur la robe de Leni. Termine en dessinant les bras.

9

Trace la première jambe de ton personnage. N'oublie pas le nœud sur sa chaussure.

10

Finis avec la seconde jambe. Noircis légèrement le sol pour créer une ombre et donner plus de relief à ton œuvre.

LE SUPER BONUS

Un sac à main trop tendance !

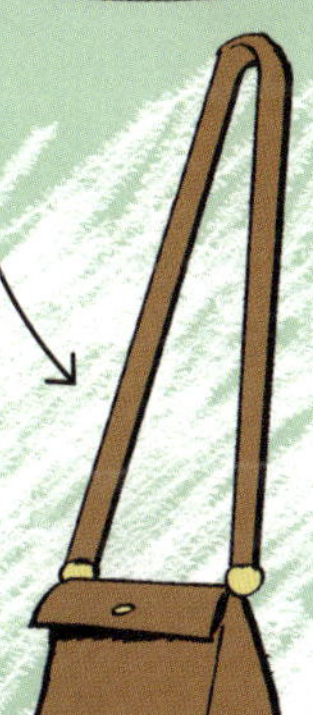

1

Leni ne sort jamais sans un sac assorti à sa tenue. Pour lui ajouter, commence par tracer un triangle. Il formera le côté de ton sac. Ajoute un long rectangle dans le prolongement pour former le rabat.

2

Ferme ton sac en reliant le rabat à la base du triangle. Il ne te reste plus qu'à ajouter une lanière et le tour est joué !

LUNA

Âge : *15 ans*

Caractère : *Montez le son : cette sœur décoiffe ! Avec sa guitare, elle est l'atout rock de la famille.*

ASTUCE

Dessine étape par étape. Les traits que tu dois ajouter sont en couleur. Cela te permet de toujours savoir où tu en es.

1

Dessine le contour du visage de Luna. Ajoute son oreille et termine par sa coupe de cheveux courte tellement rock !

2

Ajoute le nez, le sourire ainsi que la boucle d'oreille trombone. N'oublie pas les petites taches de rousseur.

3

Trace deux ronds autour du nez pour les yeux. Ajoute les pupilles et les cils. Termine le visage en dessinant un sourcil dans ses cheveux.

4

Commence à dessiner les contours du T-shirt de Luna. Ajoute un premier bras bien droit. N'oublie pas son bracelet et la tête de mort du vêtement.

5

Esquisse les contours de la guitare de Luna. Ajoute la sangle autour de son cou. Termine en dessinant les boutons de réglage.

6

Ajoute deux rectangles. Un au milieu de la première moitié de la guitare et l'autre qui touche le bras de Luna. Trace à présent les cordes.

7

Dessine le manche de l'instrument en traçant un rectangle. Ajoute des traits verticaux pour les barrettes et horizontaux pour les cordes. Tu peux à présent esquisser le second bras de Luna.

8

Termine la guitare en prolongeant le manche. Trace un rectangle pour la tête et dessine des petits ronds pour les clés. Termine en rattachant les cordes.

9

Dessine la jupe de Luna. Elle ne doit pas être plus longue que sa main. Ajoute un quadrillage pour le motif écossais.

10

Esquisse les deux jambes de ton personnage ainsi que ses grandes bottes.

11

Termine ton œuvre en ajoutant des croisillons pour figurer les lacets de Luna. Ton dessin est carrément rock'n'roll !

LE SUPER BONUS

La tête de mort rock'n'roll !

1

Luna ne se sépare jamais de son T-shirt de concert. Avec sa tête de mort, il déchire ! Pour la reproduire, fais un arc de cercle avec deux gros ronds bien noirs pour les yeux.

2

Termine par le bas en n'oubliant pas les traits verticaux pour les dents.

LUAN

Âge : *14 ans*

Caractère : *Le clown de la famille ! Luan n'a qu'une passion : les blagues, même si parfois elles ne font rire qu'elle.*

ASTUCE

Pour créer une ombre légère sous un personnage, colorie au crayon gris et estompe avec ton doigt.

1

Dessine le contour du crâne de Luan.
N'oublie pas d'ajouter l'oreille.

2

Esquisse les cheveux de ton personnage au-dessus de son front. Ajoute des traits pour les mèches rebelles de Luan.

3

Ajoute deux ronds pour les yeux.
Trace le nez, les cils et les sourcils.
Termine en dessinant le grand sourire de ton personnage.

4

Fais une sorte de nuage pour tracer l'élastique qui maintient les cheveux de Luan.
Finis en ajoutant la queue de cheval.

5

Dessine maintenant le buste de Luan.
Trace un petit triangle pour le cou
et un plus grand pour la robe.
N'oublie pas d'ajouter la fleur !

6

Trace un trait pour délimiter la jupe de ton personnage et fais un quadrillage pour dessiner le motif écossais.

7

Ajoute un bras à ton personnage en traçant deux arcs de cercle à partir de la fleur.
Trace les doigts.

8

Débute le second bras en traçant deux traits très anguleux. Termine en dessinant les doigts, comme sur le modèle.

9

Dessine les jambes de Luan avec des traits droits et termine en ajoutant ses chaussures.

10

Il ne te reste plus qu'à dessiner les chaussettes de ton personnage en trançant des traits verticaux le long de ses jambes.

LE SUPER BONUS

Le kit d'entarteur !

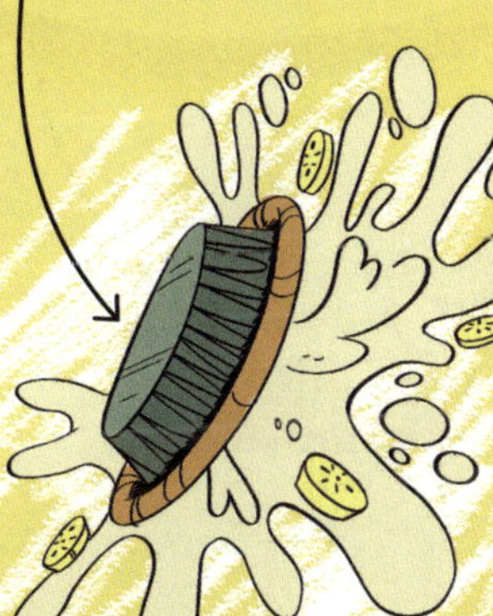

1

Pour coller une tarte en plein visage, rien de plus simple. Dessine le personnage de ton choix au crayon papier. Puis dessine cette tarte et efface les traits du visage ! Commence par dessiner le moule. Tu peux ajouter les motifs de ton choix sur les bords.

2

Pour la pâte, fais une sorte de flaque. Elle ne doit pas être régulière, alors laisse ton poignet s'exprimer !

LYNN

Âge : *13 ans*

Caractère : *Une vraie winneuse ! Pour elle, perdre n'est pas une possibilité. Foot, basket ou jeu de société : Lynn domine tous les domaines !*

ASTUCE

Lynn adore les tenues de sport. Varie les couleurs pour l'assortir à l'équipe de ton choix.

1

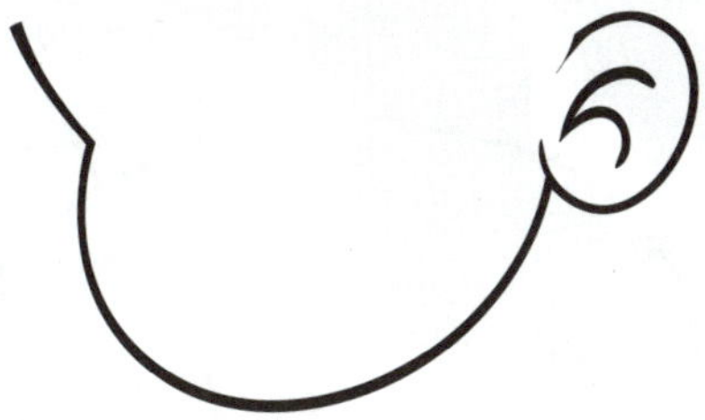

Commence par dessiner le contour du visage de Lynn. Trace un arc de cercle et ajoute son oreille.

2

Dessine les cheveux de ton personnage en traçant la frange. N'oublie pas la petite mèche sur la nuque.

3

Termine la coiffure de Lynn en dessinant la queue de cheval.

4

Dessine un petit nez et esquisse les yeux avec deux cercles qui se touchent. Ajoute les pupilles.

5

Trace une grande bouche.
Lynn aime encourager son équipe : sa voix doit porter ! Délimite sa langue et ses dents, puis noircis le reste.

6

Termine le visage en ajoutant les taches de rousseur, les cils et les sourcils.

7

Trace des rectangles pour dessiner le cou et le maillot de Lynn. Ajoute les traits pour les bras.

8

Dessine les deux mains de ton personnage. Suis bien le modèle pour tracer les doigts.

9

Esquisse le short de Lynn à partir des traits du maillot. Relie les deux côtés en faisant un pont.

10

Termine en dessinant les jambes de Lynn. Ajoute deux ovales noirs pour les baskets. Il ne te reste plus qu'à ajouter de petits traits droits au milieu des jambes pour les chaussettes.

LE SUPER BONUS

Le trophée de championne multi-catégories

1

Lynn collectionne les trophées de ce genre. Pour le dessiner, commence par tracer un arc de cercle et des poignées.

2

Termine en dessinant le socle avec des rectangles.

LUCY

Âge : 8 ans
Caractère : Sa vie est un long chemin de malheurs que vient parfois illuminer le désespoir. Soupir !

ASTUCE

Pour donner plus de relief au noir, tu peux colorier en bleu au-dessus. Cela lui donnera de jolis reflets.

1

Dessine la tête de ton personnage en commençant par un arc de cercle. Ajoute les oreilles et le nez.

2

Trace une frange bien couvrante de chaque côté du nez de Lucy puis deux longs traits droits pour les mèches. Termine en esquissant le menton.

3

Ajoute le sourire éclatant de Lucy... Soupir ! Dessine aussi l'intérieur des oreilles et fais des petits U pour la pointe des cheveux.

4

Dessine le cou de ton personnage. Il doit être bien dégagé au cas où Edwin décide de venir le mordre. Termine la chevelure en reliant les deux mèches qui entourent le visage au cou.

5

Trace la robe en partant du cou. Dessine des traits bien droits pour les épaules et la silhouette.

6

Ajoute deux arcs de cercle qui partent des manches pour les bras. Pas besoin de dessiner les mains, Lucy les a toujours dans le dos.

7

Trace trois traits pour les jambes. Autant de simplicité, ç'en serait presque poétique !

8

Dessine les chaussures avec deux formes ovales. Pas besoin de détail, Lucy les aime ainsi.

9

Termine en traçant les rayures de la tenue de ton personnage : sur le cou, les bras et les jambes !

10

Après toutes ces étapes, voici le moment le plus important : colorie en noir les cheveux, la robe et les chaussures. Ainsi noircie, Lucy retrouve toute sa joie de vivre !

LE SUPER BONUS

La chauve-souris de Lucy

1

Chat ou chien ? Non, pour Lucy, ce sera chauve-souris ! Pour la dessiner, commence par le corps en forme de patate.

2

Ajoute les yeux, les pattes et les oreilles. Termine avec les ailes et n'oublie pas les dents !

LANA

Âge : *6 ans*
Caractère : *Un vrai garçon manqué ! Poubelle, flaque de boue ou vieux chewing-gum : rien ne dégoûte Lana.*

ASTUCE

N'appuie pas trop fort sur ton crayon gris. Sinon tu auras du mal à gommer en cas d'erreur.

1

Commence par dessiner le haut de la casquette de Lana. N'oublie pas tous les petits cheveux qui dépassent.

2

Trace le visage bien rond super mignon ainsi que les oreilles.

3

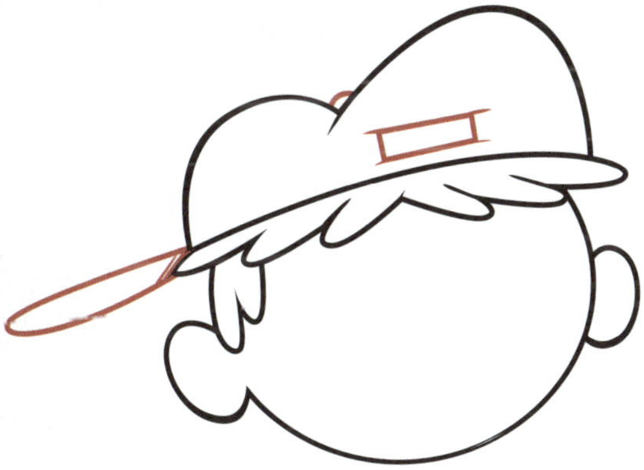

Termine la casquette en ajoutant une grande visière, un bouton et une étiquette.

4

Ajoute les yeux de Lana en traçant deux cercles collés. Esquisse son nez et ses cils.

5

Dessine l'immense sourire de Lana.
Quadrille l'intérieur de la bouche
pour les dents et noircis la case centrale.
N'oublie pas de tracer l'intérieur
des oreilles.

6

Habille ton personnage en dessinant la salopette avec des traits droits. Ajoute des rectangles pour les manches et l'ourlet du bas du pantalon.

7

Trace les détails de la salopette.
Deux bretelles, une grande poche ventrale
et les détails de l'ourlet. Arrête-toi là, Lana
n'aime pas trop le superflu.

8

Dessine maintenant les deux bras de ton
personnage. Le droit posé contre la hanche
et le gauche qui tient un outil.

9

Termine la main gauche avec la clé plate. Concentre-toi sur les doigts, car c'est le plus difficile et Lana en a besoin pour tout réparer.

10

Il ne te reste plus qu'à tracer les chaussures et les couettes de ton personnage.

LE SUPER BONUS

Nounouille, la grenouille de Lana !

1

Voici Nounouille, l'un des animaux qui partagent le lit de Lana… au grand désespoir de Lola. Pour le dessiner, trace un rond avec deux petits ponts.

2

Ajoute les yeux et une bouche énorme. Il ne te reste plus qu'à ajouter un autre cercle pour le corps et les pattes.

LOLA

Âge : *6 ans*

Caractère : *Attention à ne pas la contrarier : sous ses airs de petite fille modèle se cache un vrai petit démon !*

ASTUCE

Pour colorier, choisis selon le rendu que tu veux obtenir. Feutres, crayons, peinture… Tout est possible !

1

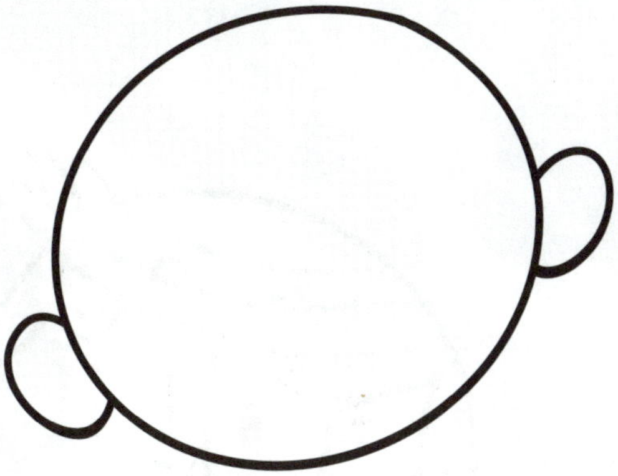

Pour commencer trace un cercle parfait pour le visage tout aussi parfait de Lola et deux petites oreilles.

2

Suis le modèle pour ajouter une jolie petite mèche sur le front de ton personnage.

3

Trace deux grands ronds pour les yeux et un arc de cercle pour le nez. N'oublie pas les cils de Lola. Elle en a besoin pour faire les yeux doux au jury des Miss.

4

Ajoute un petit sourire en coin et les détails de l'oreille. Termine avec une paire de boucles d'oreilles totalement raffinée.

5

Commence à tracer la robe de soirée de Lola. Dessine un collier de perles et deux traits droits pour esquisser la silhouette.

6

Trace maintenant les deux bras de chaque côté du buste.

7

Applique-toi pour dessiner les mains. La droite est appuyée contre la hanche et la gauche est totalement ouverte.

8

Termine la robe en dessinant tous les plis de la traîne de Lola. Insiste bien, plus elle est grande plus Lola pourra parader !

9

Dessine les longs cheveux dorés de ton personnage. Attention, ils doivent passer derrière les bras et la robe.

10

Il ne te reste plus qu'à ajouter les attributs royaux de mademoiselle Lola : une écharpe et surtout un diadème !

LE SUPER BONUS

Le diadème de Miss Flocon de neige !

1

Sortir sans diadème ce serait comme sortir sans vêtement ! Pour dessiner ce diadème, trace un arc de cercle. Ajoute de grandes boucles au-dessus.

2

Double ton tracé pour donner du volume à ta création. Tu peux aussi le customiser avec des pierres de toutes les couleurs.

LISA

Âge : *4 ans*
Caractère : *Si vous ne maîtrisez pas toutes les règles de la loi de la gravité, passez votre chemin ! Vous ne susciterez aucun intérêt chez ce petit génie en herbe.*

ASTUCE

Les crayons gris sont composés de graphite et d'argile. Et si on ajoute des pigments, on obtient des crayons de couleur !

1

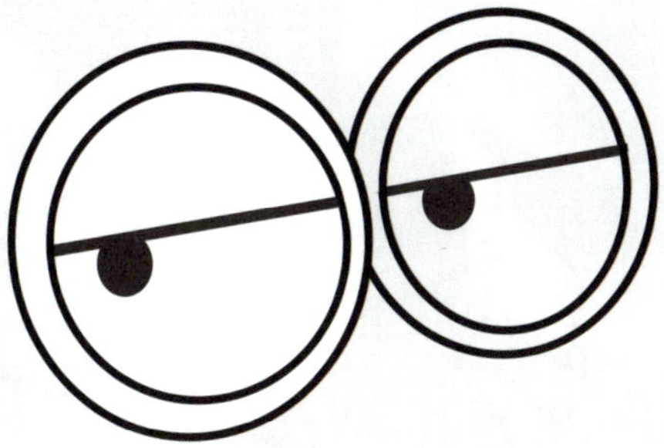

Commence par dessiner le plus important pour Lisa : ses lunettes ! Trace deux grands ronds et ajoute deux traits pour les paupières et deux petits ronds pour les pupilles.

2

Dessine le nez de Lisa ainsi que son petit sourire satisfait. Ajoute un arc de cercle pour le bas de son visage et un autre pour l'oreille.

3

Trace des traits bien droits pour la branche des lunettes. Termine avec quelques traits pour former une première mèche de cheveux.

4

Les lunettes de Lisa ne passent pas inaperçues. Noircis tout le tour pour que la monture soit bien épaisse.

5

Dessine les cheveux de ton personnage en commençant par l'épi en haut à gauche. Continue avec la frange et termine par les deux côtés.

6

Esquisse le col roulé de Lisa et ajoute un trait droit pour le buste. Termine en traçant le bas du T-shirt.

7

Commence à dessiner le premier bras. Fais deux courbes et ajoute le gant de protection.

8

Fais le second gant et termine les détails du buste de Lisa.

9

Suis le modèle pour tracer le pantalon.
Ce doit être un vieux pantalon de Lana :
Lisa flotte dedans !

10

Termine avec les chaussures. Toutes simples !
Si ça ne tenait qu'à Lisa elles seraient
en plastique pour être désinfectées régulièrement,
mais ses parents sont contre.

LE SUPER BONUS

L'éprouvette prête à exploser

1

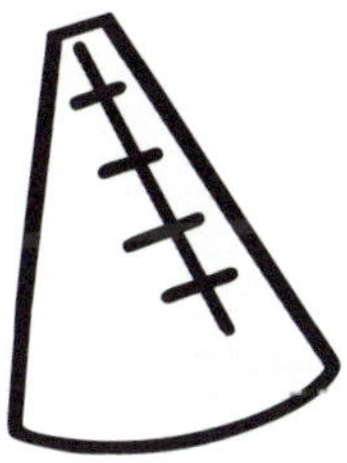

Lisa adore faire des expériences.
Malheureusement, elles finissent
parfois par faire tout sauter !
Pour dessiner une éprouvette,
commence par faire une sorte
de triangle gradué.

2

Ajouter un contour et un nuage
de liquide mousseux qui déborde,
et le tour est joué !

LILY

Âge : *15 mois*

Caractère : *Elle a une légère tendance à se promener sans couche... Et quand elle en a une, c'est pour la remplir illico presto : beurk !*

ASTUCE

Tu peux changer l'expression de Lily en dessinant une tétine à la place de la bouche.

1

Lily a une petite bouille toute ronde. Dessine un grand cercle et deux petites oreilles de chaque côté.

2

Ajoute deux grands yeux ronds et un nez retroussé. N'oublie pas les pupilles et les cils.

3

Dessine l'immense sourire de ce bout de chou. Ajoute la dent dont Lily est si fière et la langue.

4

Noircis la bouche pour donner encore plus de relief à ton dessin.

5

Ajoute les détails des oreilles, trois points sur la langue et une petite mèche dressée sur la tête.

6

Commence à dessiner le corps de Lily en traçant un dos bien droit et des petites fesses rebondies.

7

Trace le bras et dessine la main de ton personnage.

8

Ajoute un petit pied bien potelé et des orteils prêts à être mâchouillés.

9

Il ne te reste plus qu'à griffonner une légère ombre à partir des fesses de ton personnage.

LE SUPER BONUS

La couche un peu odorante de Lily

1

Popo ! Pas de doute, Lily t'a fait un cadeau un peu odorant... Pour dessiner cette couche, commence par tracer la partie centrale et ajoute deux élastiques.

2

Ajoute deux traits de chaque côté pour l'arrière de la couche et dessine les plis. Il ne te reste plus qu'à tracer un fumet odorant des plus délicats.

CLYDE

Âge : *11 ans*
Caractère : *Meilleur ami de Lincoln ! Quoi qu'il arrive, il peut compter sur lui... Sauf si un insecte apparaît : la sécurité avant tout !*

Cheveux bouclés parfaitement hydratés grâce au soin maison concocté par l'un de ses papas.

Nez ultra sensible aux pollens, acariens et autres parasites.

Pantalon avec talkie-walkie greffé à l'intérieur pour joindre Lincoln en cas de besoin.

Polo repassé chaque matin amoureusement par l'un de ses papas.

ASTUCE

Si tu veux dessiner Clyde sans lunettes, dessine de tous petits points pour les yeux. Ce personnage ne voit plus rien sans ses verres !

1

Dessine les lunettes de Clyde en traçant deux gros ronds bien épais. Ajoute les pupilles et le nez.

2

Ajoute l'oreille et le bas du visage de ton personnage. N'oublie pas aussi les sourcils.

3

Dessine un grand sourire. Ajoute des dents d'une blancheur immaculée et noircis l'intérieur de la bouche pour donner du relief à l'ensemble.

4

Trace la branche des lunettes en la posant sur le haut de l'oreille. Dessine le front et commence à délimiter les cheveux frisés de Clyde.

5

Termine les cheveux de ton personnage en esquissant des ponts sur tout le haut du visage.

6

Commence à dessiner le polo de Clyde en dessinant un rectangle avec deux petits triangles pour le col et un petit rectangle pour la patte de boutonnage.

7

Ajoute les deux bras de chaque côté et trace des traits pour les rayures du polo.

8

Trace les deux mains en commençant par les pouces. Applique-toi, car depuis que Lori lui a touché le pouce droit, il y tient comme à la prunelle de ses yeux.

9

Dessine enfin le pantalon et les baskets de ton personnage. Ajoute des croix pour les lacets et des traits pour les décorations.

10

Il ne te reste plus qu'à noircir les cheveux de Clyde et son pantalon pour parfaitement terminer ton œuvre.

LE SUPER BONUS

Le talkie-walkie d'appel d'urgence !

1

Lincoln tu me reçois ? Pour dessiner le moyen de communication préféré de Clyde, commence par tracer un rectangle et deux ronds au centre.

2

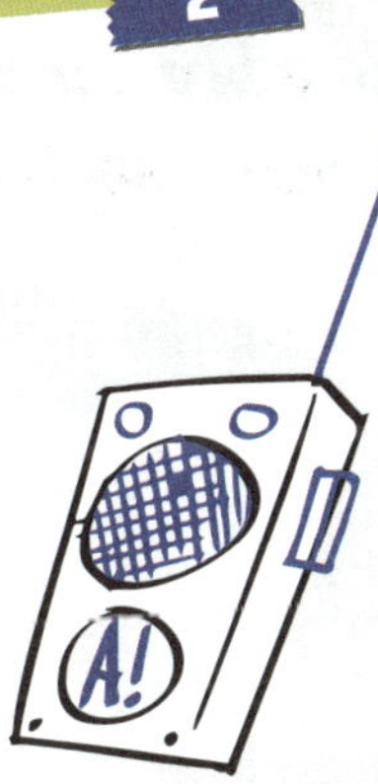

Termine avec un quadrillage pour l'enceinte, les boutons et une antenne de réception.

BOBBY

Âge : *17 ans*

Caractère : *L'ours grincheux de Lori ! Quand il n'envoie pas des textos à sa dulcinée, il multiplie les petits boulots. Livreur de pizzas, sauveteur ou guide touristique : il sait tout faire !*

ASTUCE

Pour créer facilement un motif sur un vêtement, utilise des quadrillages ou des formes géométriques.

1

Commence par dessiner le nez puis ajoute les yeux de Bobby. Trace deux cercles et ajoute les pupilles au centre.

2

Continue en esquissant les oreilles de ton personnage. Relie-les avec un arc de cercle pour former le bas du visage. Ajoute un sourire en coin et deux rides au coin des yeux.

3

Dessine les deux sourcils au-dessus des yeux. Trace maintenant la racine des cheveux en partant des oreilles. N'oublie pas les traits au niveau des oreilles pour les pattes.

4

Esquisse les cheveux. N'oublie pas les épis de chaque côté pour plaire à Lori.

5

Commence à dessiner la chemise de ton personnage en traçant deux traits pour le cou et deux grands rectangles pour chaque pan de la chemise.

6

Ajoute les traits pour former le col de la chemise. Continue avec des traits verticaux pour le col roulé et termine en dessinant la ceinture.

7

Dessine les deux manches de Bobby en traçant des traits droits et des rectangles.

8

Avec un arc de cercle, dessine le bas du ventre de ton personnage. Ajoute les jambes un peu arquées. Termine avec les ourlets du pantalon et deux arrondis pour les baskets.

9

Dessine maintenant les deux mains de Bobby. Regarde bien les modèles et commence toujours par les pouces.

10

Il ne te reste plus qu'à ajouter les carreaux de la chemise ainsi que les détails des baskets. Bobby est maintenant prêt pour son rendez-vous avec Lori.

LE SUPER BONUS

Le biscuit de Saint-Valentin cuisiné par Lori

1

Pas question de manger ce dessert cuisiné par les douces mains de Lori. Pour le dessiner, trace un grand cœur et place-le dans une assiette.

2

Il ne te reste plus qu'à ajouter le message de ton choix et les pépites de chocolat.

RONNIE ANNE

Âge : *11 ans*

Caractère : *Voilà une fille qui, pour une fois, ne ressemble à aucune sœur de Lincoln… c'est peut-être pour ça qu'elle lui plaît tant !*

ASTUCE

Pour dessiner un groupe de personnages, pense à respecter les différences de taille. Ce sera plus réaliste.

1

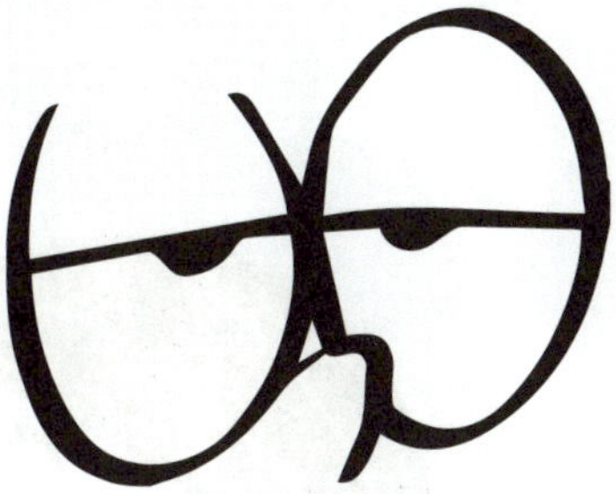

Pour dessiner la petite sœur de Bobby, commence par les deux yeux. Trace un trait au milieu de chaque cercle pour former les paupières et donner son regard blasé à ton personnage.

2

Ajoute des cils et les sourcils : il en faut un levé et un baissé. Termine par le petit sourire en coin et les deux dents de ton personnage.

3

Trace maintenant le contour du visage. Commence par l'oreille et fais le tour avec des traits arrondis.

4

Dessine les détails des mèches de cheveux, la raie sur le côté, les taches de rousseur et l'intérieur des oreilles.

5

Commence à dessiner le pull de ton personnage en traçant les éléments du zip central.

6

Continue en ajoutant les manches et les éléments du buste.

7

Ajoute la capuche à l'arrière du pull ainsi que la queue de cheval de Ronnie Anne. Termine en traçant les poches de chaque côté du zip.

8

Dessine maintenant les mains de ton personnage avant qu'elle ne s'énerve pour de bon.

9

Trace des traits bien droits pour dessiner le short de Ronnie Anne et les jambes.

10

Il ne te reste plus qu'à dessiner les chaussures et à tracer des traits pour délimiter les chaussettes montantes de cette fille pas comme les autres.

LE SUPER BONUS

Le lance-pierres

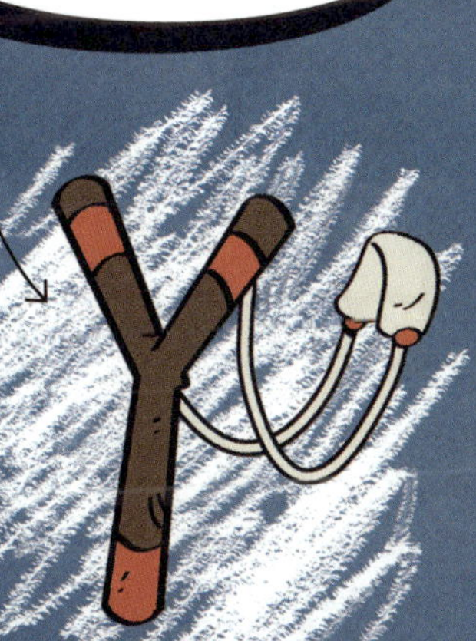

1

Ronnie Anne manie cela mieux que personne. Commence par dessiner une sorte de Y.

2

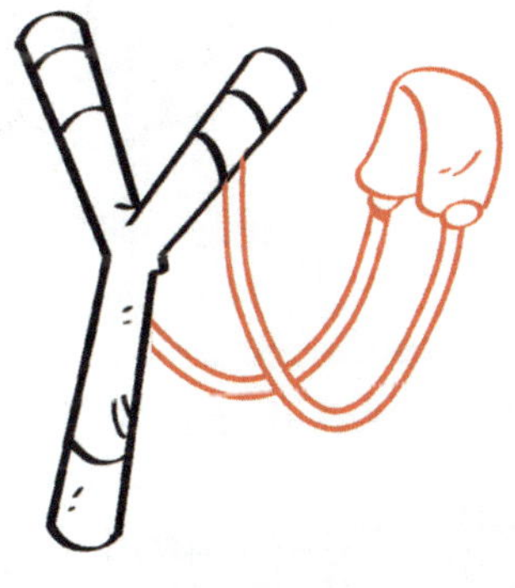

Il ne te reste plus qu'à dessiner la lanière et à y placer un petit caillou !

LES ANIMAUX LOUD

11 enfants, ce n'était pas suffisant ! La famille Loud a aussi de drôles de compagnons à quatre pattes.

Charles, le chien

1

Ce chien est vraiment trop mignon ! Pour le dessiner, trace un rond pour le visage et ajoute le corps et les pattes. N'oublie pas l'oreille et le petit chapeau.

2

Continue en dessinant le museau, la langue et les taches de Charles. Termine avec les rayures du chapeau.

1

Commence à dessiner Cliff en traçant un cercle pour le visage. Continue avec deux traits droits et des arrondis pour les pattes.

2

Ajoute les détails du visage : un gros museau, deux oreilles pointues, de grands yeux et des petites moustaches. N'oublie pas la queue !

3

Il ne te reste plus qu'à colorier le pelage de Cliff. Et si, au passage, tu pouvais lui apprendre à faire dans sa litière, ça arrangerait toute la famille !

1

Pour dessiner Géo, rien de plus simple : trace une patate avec quatre toutes petites pattes.

2

Ajoute le museau de l'animal et des yeux tout ronds. Termine avec deux oreilles, la queue et une tache sur le dos.

3

Il ne te reste plus qu'à dessiner la bulle de protection absolue sans laquelle Géo ne se déplace jamais !

Walt,
le canari

1

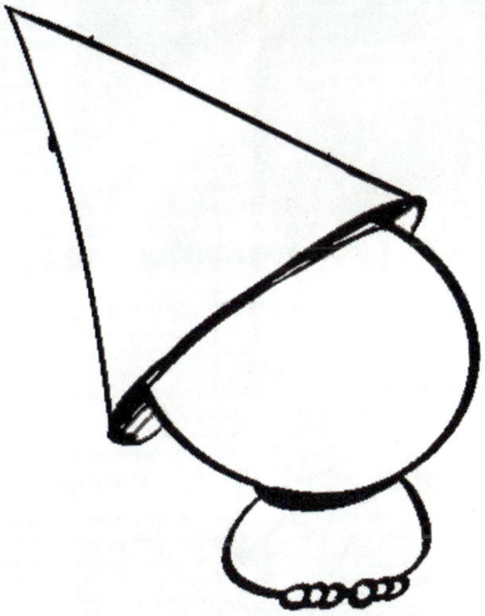

Pour dessiner Walt, commence par tracer un grand triangle et deux ronds. Ajoute plein de petits ronds pour les pattes.

2

Trace deux énormes yeux bien ronds et un petit bec au milieu.
Ajoute les décorations du chapeau.

3

Termine avec deux petites ailes et la queue. Fais pleins d'arrondis pour toutes les plumes !

Édité en 2020 par Hachette Livre – 58 rue Jean Bleuzen, 92 178 Vanves Cedex.
Rédaction : Émilie Malandain - Maquette : Amstramgram.
Dépôt légal : août 2020. Édition 01.
Achevé d'imprimer par Macrolibros en Espagne en août 2020.
Loi n° 49-956 du 16 juillet 1949 sur les publications destinées à la jeunesse.